Vente du Jeudi 20 Décembre 1866

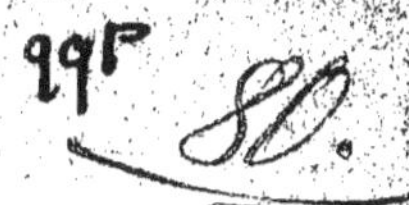

MEUBLES ANCIENS

ET

OBJETS D'ART

Exposition publique le Mercredi 19 Décembre

Me **CHARLES PILLET,**
COMMISSAIRE-PRISEUR

M. FEBVRE,
EXPERT

1866

EXEMPLAIRE DE H. STETTINER

CATALOGUE

D'OBJETS D'ART

ET DE

TRÈS-BEAUX MEUBLES ANCIENS

DES ÉPOQUES

**DE LA RENAISSANCE, LOUIS XIII, LOUIS XIV,
LOUIS XV ET LOUIS XVI;**

BRONZES DORÉS

PENDULES, CANDÉLABRES, FLAMBEAUX, ETC.

PORCELAINES

DE LA CHINE, DU JAPON ET DE SAXE

BELLES TAPISSERIES DES GOBELINS

ET OBJETS DIVERS

DONT LA VENTE AUX ENCHÈRES PUBLIQUES AURA LIEU

HOTEL DROUOT, Salle n° 8, au premier

Le Jeudi 20 Décembre 1866

A UNE HEURE ET DEMIE

Par le ministère de Mᵉ **CHARLES PILLET**, Commissaire-Priseur,
rue de Choiseul, 11,
Assisté de M. **FEBVRE**, expert, rue Laffitte, 11.
Chez lesquels se trouve le Catalogue.

EXPOSITION PUBLIQUE

Le Mercredi 19 Décembre 1866, de une heure à cinq.

CONDITIONS DE LA VENTE

Elle sera faite au comptant.

En sus des enchères, les acquéreurs payeront *cinq pour cent.*

L'exposition mettant le public à même de se rendre compte de l'état des objets, il ne sera admis aucune réclamation une fois l'adjudication prononcée.

Paris. Imp. PILLET FILS AÎNÉ, rue des Grands-Augustins, 5.

DÉSIGNATION DES OBJETS

MEUBLES ANCIENS

DE DIVERSES ÉPOQUES

1 — Deux très-belles encoignures de l'époque de Louis XV. Elles sont de forme contournée; les panneaux, ornés de fleurs en marqueterie de bois, sont richement encadrés d'ornements et d'écoinçons en bronze doré. Pièces riches.

2 — Cabinet italien en ébène. Sur le devant sont trois portiques à colonnes entourés de onze tiroirs. Toutes ces pièces, incrustées de plaques en ivoire gravé, représentent des personnages et des animaux. Ce meuble repose sur un support à colonnes.

3 — Bureau de l'époque de Louis XV, en bois de rose, le bord à bandes de cuivre. Sur diverses parties, ornements en bronze doré.

4 — Deux commodes demi-rondes, en ancien laque de Coromandel, décor de paysages, de personnages chinois et d'animaux chimériques; ornements et encadrements en bronze doré.

5 — Grande vitrine-bibliothèque en bois noir, à filets de cuivre, le haut cintré.

6 — Meuble à hauteur d'appui, en ancien laque de Chine, fond noir et or; le devant et les côtés avec panneaux ornés de paysages.

7 — Meuble Louis XVI, le corps en bois de rose. Il est orné de panneaux en bois représentant des édifices antiques en ruines et des personnages d'après les dessins de Panini; ornements en bronze doré.

8 — Beau secrétaire Louis XVI, en bois de rose et marqueterie de bois à losanges, orné en haut d'une large frise d'écoinçons et d'appliques, le tout en bronze doré.

9 — Meuble en noyer sculpté, dit meuble Jean Goujon. Les panneaux et les tiroirs ornés de figures mythologiques, de salamandres et de pendentifs.

9 *bis* — Très-beau meuble en bois satiné orné sur les côtés de deux panneaux, en laque de Chine, les deux vantaux formant portes, légèrement contournées, sont également en laque de Chine, représentant des personnages chinois dans des paysages. Le tout à rehauts d'or saillants; ce meuble est garni d'ornements en bronze doré.

10 — Grand et beau meuble de l'époque de Louis XIV, avec
panneaux vitrés, ornés de motifs, d'une frise et de pendentifs en bronze doré.

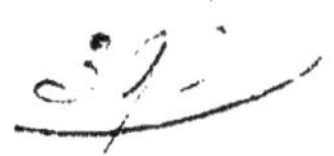

11 — Grand meuble de salle à manger, pouvant également
servir de bibliothèque. Il est en bois de chêne sculpté,
avec frise et pendentifs; sur les panneaux du bas est le
groupe de la Vierge et de Jésus, puis des têtes d'anges.

12 — Commode de l'époque de Louis XV. Elle est de forme
contournée et en laque noir de la Chine, avec ornements
en relief en or de plusieurs tons. Très-riches ornements
et encadrements rocaille en bronze doré.

13 — Meuble à pans coupés en bois de chêne sculpté, décoré
de fruits en relief et d'ornements divers.

14 — Autre meuble plus grand, même genre que le précédent.

15 — Table à jeu formant console, en bois amarante et gris
satiné, beau décor de quadrilles et d'instruments de musi-
que en bois marqueté, appliques et frise en bronze doré.

16 — Petit bonheur du jour à cylindre de l'époque de
Louis XVI, orné de glaces, de filets et de bandes plates en
cuivre.

17 — Meuble à hauteur d'appui de l'époque de Louis XVI; il est en acajou, et orné de rosaces et de perles en bronze doré.

18 — Petit guéridon à huit pans en chêne sculpté.

19 — Bureau-pupitre pour écrire debout. Il est de l'époque de Louis XV, en bois de rose et amarante; à l'intérieur et sur les côtés sont plusieurs tiroirs; appliques et ornements en bronze doré.

20 — Table-trictrac en acajou, de l'époque de Louis XVI.

21 — Meuble à hauteur d'appui en bois noir, richement décoré d'ornements et de bas-reliefs, le tout en bronze doré.

22 — Ancienne commode Louis XIV, en bois de chêne, avec peinture blanche à filets et bouquets de fleurs, ornements en bronze doré.

23 — Ancienne boîte en bois d'ébène et en bois de sandal, avec ornements en ivoire incrusté. Travail italien.

24 — Jardinière en bois noir, ornée de quadrilles, de pendentifs et de fleurs en bronze doré.

25 — Table d'angle, à jeu, Louis XVI, ornée d'un vase de fleurs en marqueterie de bois.

26 — Très-belle commode de l'époque de Louis XIV, de forme dite tombeau, décorée [d'ornements en bronze doré d'une grande richesse.

27 — Table à ouvrage en bois amarante et citronnier, ornée en marqueterie de bois, de fleurs et de rinceaux; ornements en bronze doré.

28 — Autre petite table de l'époque de Louis XVI, ornée de bronzes dorés.

29 — Petite table de l'époque de Louis XVI, à écran. Elle est en bois de rose et amarante, et décorée de fleurs en marqueterie de bois; ornements en bronze doré.

30 — Écran Louis XVI, en bois sculpté; encadrement à frises.

31 — Deux petites encoignures en bois peint, décor à bouquets de fleurs.

32 — Fauteuil Louis XVI, en bois peint et sculpté, garniture en toile de Perse.

33 — Deux vases en porcelaine du Japon montés en lampes, garniture en bronze doré.

34 — Deux fauteuils Louis XVI, en bois sculpté et peint, garniture en tapisserie à la main, à bouquets.

35 — Deux chaises Louis XV, en bois sculpté, garnies de tapisseries à la main à personnages.

36 — Fauteuil Louis XVI, en bois sculpté, couvert en tapisserie à la main.

37 — Bergère Louis XVI, en bois sculpté et doré.

38 — Écran Louis XV, en bois sculpté, orné d'une tapisserie
à la main.

39 — Deux feuilles de paravent, velours à parterre.

40 — Petite suspension en bois de fer, chaînettes en cuivre.

PENDULES ET OBJETS

EN BRONZE DORÉ

41 — Ancienne pendule d'applique de l'époque de Louis XV.
Elle est avec son socle. Ces deux pièces sont en bronze
doré, avec ornements rocaille à jour. (Bonnes pièces.)

42 — Pendule de l'époque de Louis XVI, en bronze doré,
figure de femme assise, socle en marbre.

43 — Pendule religieuse, à marqueterie de cuivre et d'étain
sur écaille rouge.

44 — Charmante petite pendule Louis XVI, en bronze et bronze doré. Un petit Amour debout, appuyé sur le cadran, tient un portrait de femme en médaillon ; à gauche est un casque, puis divers attributs

45 — Grande et belle pendule en bronze doré et marbre blanc avec groupe de deux figures : Bacchus et Ariane.

46 — Pendule de l'époque de Louis XVI, en bronze doré, avec sujet : figure allégorique de l'Astronomie. Socle en marbre griotte d'Italie.

47 — Grands candélabres Louis XV, en bronze et bronze doré : deux enfants en bronze avec des bouquets de huit lumières.

48 — Pendule socle en bronze doré, supportant un groupe en bronze d'après Clodion : Bacchante et petit Faune.

49 — Deux candélabres de l'époque de Louis XVI, en bronze et bronze doré. Deux enfants sur socles tiennent des bouquets de lis à six branches.

50 — Ancienne pendule religieuse en marqueterie de cuivre, écaille et étain, les coins avec colonnes rondes surmontées de chapiteaux en bronze doré.

51 — Très-belle pendule en bronze et bronze doré, de l'époque
de Louis XVI, grand modèle avec sujet, connu sous le
titre de la Liseuse, socle en ébène orné d'une frise.

52 — Deux très-beaux candélabres en bronze doré, dessin de
Boule; le bas à trépied avec syrènes, le haut avec tiges à
quatre lumières.

53 — Deux bras appliques Louis XVI en bronze doré, tiges à
nœuds à deux lumières.

54 — Deux autres bras de la même époque.

55 — Deux flambeaux girandoles Louis XVI, en bronze doré;
deux lumières.

56 — Deux grands vases en porcelaine de Chine, fond bleu
empois, montés en candélabres, les tiges à lis à six lumières et en bronze doré.

57 — Candélabres Louis XVI, tiges à rinceaux à quatre lumières, les socles en marbre blanc et portor.

58 — Deux bras Louis XVI en bronze doré; deux lumières.

59 — Deux flambeaux girandoles Louis XVI, en bronze doré
et à deux lumières.

60 — Deux girandoles Louis XVI, en bronze et bois doré, tiges à trois lumières ornées de plaquettes en verre de Bohême.

61 — Deux bras Louis XV en bronze doré; deux lumières.

62 — Anciennes appliques en bronze doré à cinq lumières, ornées de plaquettes en verre de Bohême.

63 — Lustre en bronze à huit lumières.

64 — Deux bras Louis XV en bronze doré, tiges rocaille.

65 — Deux flambeaux en bronze doré, de l'époque de Louis XVI.

66 — Deux anciens flambeaux Louis XIV en bronze doré.

67 — Lustre à douze lumières en bronze doré.

PORCELAINES

DE LA CHINE, DU JAPON ET DE SAXE

68 — Grande vasque à plantes exotiques en terre cérame de la Chine; l'extérieur, en émail fond brun céladoné, est décoré en saillie d'animaux fantastiques. Pied en laque à jour, encadrant des panneaux en porcelaine, également à jour.

69 — Vase en ancien céladon craquelé, vieille monture Louis XIV en bronze doré.

70 — Pot et sa cuvette en porcelaine à la reine, riche décor de frises de rinceaux et de médaillons avec bustes de personnages.

71 — Bol en porcelaine de Chine, décor à mandarins, monture rocaille en bronze doré.

72 — Quatre salières en saxe, ayant la forme de feuilles, décor à bouquets de fleurs.

73 — Deux jardinières en ancienne porcelaine du Japon; elles sont de forme octogone; montures en bronze doré.

74 — Pièce de surtout en porcelaine de Saxe, offrant une corbeille à jour reposant sur un tronc d'arbre.

75 — Groupe de deux personnages en porcelaine de Vienne : jardinier et jardinière dansant.

OBJETS DIVERS

76 — Buste d'enfant en marbre blanc sculpté, travail de l'école de Bouchardon.

77 — Deux gaînes en marbre bleu turquin et brèche.

78 — Deux autres formes d'Hermès formées de marbres divers.

79 — Deux bustes en basalte, faune et faunesse.

80 — Figurine en terre cuite, l'Amour endormi.

81 — Vase en verre taillé, belle monture ancienne Louis XVI en bronze doré.

82 — Deux chenets en fer du xve siècle.

TAPISSERIES DES GOBELINS

83 — Très-belle tapisserie des Gobelins, représentant le Temps tenant sa faulx; il est assis au centre d'un couronnement architectural, d'après les dessins de Bérin; en bas sont des enfants tenant des jouets, puis un singe et divers attributs. — Haut. 3 mèt. 40 cent., larg. 2 mèt. 70 cent.

84 — Autre tapisserie, pendant de la précédente; au centre est Jupiter assis sur un aigle et tenant la foudre.

85 — Autre tapisserie formant suite; au centre est le groupe de Vénus et l'Amour.

86 — Une autre avec le sujet de Bacchus et Ariane.

87 — Un autre avec Neptune en un Amour.

TABLEAUX

ÉCOLE ALLEMANDE

88 — Portrait d'un personnage présumé être le directeur d'une fabrique de porcelaine; il tient une tasse, près de lui est son fils.

89 — Portrait de la femme et de la fille du précédent personnage.

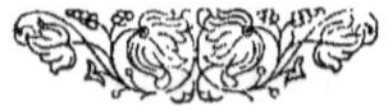